VERITABLE CENSVRE

DE LA LETTRE D'AVIS,

ESCRITE PAR VN PROVINCIAL, A MESSIEVRS DV PARLEMENT.

ET LA VERITABLE CENSVRE de la Réponse à la mesme Lettre, auec la Refutation de la Replique à ladite Réponse.

OV

La Critique des trois plus fameux Libelles que nous ayons veu paroistre, depuis le commencement de ces derniers Troubles, iusques à present.

Par vn des plus Illustres Grammairiens de Samothrace.

Domine libera animam meam à labiis iniquis, & à lingua dolosa. *Psalm.* 119.

❈

A PARIS.

M. DC. XLIX.

AV LECTEVR.

SI ie n'eusse esté diuerty par des affaires plus pressantes, la Censure que ie te donne, n'auroit pas manqué de paroistre en public, le mesme iour qu'on commença de vendre la Lettre. Du depuis i'ay esté tousiours détourné du desir que i'en auois par des sentimens qui me paroissoient assez raisonnables. Mais voyant qu'on s'est mis en peine de luy répondre, & de la refuter d'assez mauuaise grace; & qu'outre cela on a fait encore une Replique tres-sotte à ce captieux Censeur: Iecroirois estre indigne de viure, si ie laissois perdre une si belle occasion que celle de les desabuser tous trois ensemble; & de leur apprendre par mesme moyen, qu'un quatriéme les peut détruire: Ie me prepare à mieux faire, si l'on m'y oblige; & si l'on n'obserue pas le silence. Adieu.

VERITABLE CENSVRE

de la Lettre d'Auis, escrite par vn Prouincial, à Messieurs du Parlement.

Et la veritable Censure de la Réponse à la mesme Lettre, auec la refutation de la Replique à ladite Réponse.

Ou la Critique des trois plus fameux Libelles que nous ayons veu paroistre, depuis le commencement de ces derniers Troubles, iusques à present.

LA Prudence m'obligeoit à n'auoir que des yeux & des oreilles, pour toutes les choses qui se sont passées en ces derniers Troubles : mais voyant qu'il se trouue encore auiourd'huy des esprits si malheureux, qui ne se plaisent qu'à troubler le repos public, qu'à tascher de mettre l'Estat en compromis, & qu'à ternir l'honneur de ceux qui peuuent disposer de leurs biens & de leurs vies ; ie croirois que cette vertu de l'entendement en ce rencontre seroit iniurieuse à Dieu & à la Nature, si elle ne faisoit seulement que s'occuper à la contemplation de ces funestes objets, & si elle ne s'exerçoit aux expediens qu'il faut tenir pour retirer ces Demons incarnez de l'erreur où ils sont, autant pour la gloire du Souuerain, que pour la iustice de la cause commune. Il semble que nostre Illustre Prouincial (comme il le dit fort bien luy mesme au commencement de sa Lettre) veüille donner de la lumiere au Soleil, & que son insigne Critiqueur en ayt encore beaucoup plus que luy ; puis qu'il tasche par sa refutation, d'esclairer l'esprit d'vn homme qui pretend illuminer ce grand Flambeau, qui donne le iour à toute la terre habitable. Ie m'estonne qu'il ayt songé à donner vn tiltre si specieux à la censure qu'il fait de son aduis, sans le reprendre dans vn ouurage de si longue estenduë, qu'en vn seul point, & si c'est encore auec des raisons si delicates, qu'à peine ont-elles la force de se soustenir d'elles mesmes. Il ne veut pas qu'vn Roy abusant du pouuoir que Dieu luy a donné, cesse d'estre Roy, & ses Sujets Sujets, lors qu'il n'exerce plus que l'office d'vn Tyran, & qu'il va contre le serment qu'il a fait à son Peuple ; ce que ie ne veux pas non plus que luy. Mais pour appuyer sa proposition il nous dit, qu'on ne void en tout l'Vniuers qu'vne souueraine & vniuerselle Puissance, de laquelle toutes les autres dependent ; qui n'est qu'vn exemple : Or les exemples ne sont pas des preuues ; parce que s'il se falloit arrester aux exemples, on en tireroit bien souuent de mauuaises consequences.

Il dit encore, pour donner toute sa vigueur à la Souueraineté, qu'il la faut poser en vn sujet, & la rendre indiuisible de la personne. C'est, s'il me semble, passer de l'vne extremité à l'autre ; puis que ces raisonnemens Physiques, n'ont que des notions trop sublimes & trop speculatiues, pour vn peuple qui ne iuge des choses que par les sens, & selon la portée de son intelligence. Outre que, ie les trouue bien foibles pour vne si digne matiere, s'il m'est permis de le traiter en amy, & de luy parler auec franchise. Aristote, Prince des plus celebres Academies du Monde, nous asseure, qu'on ne sçauroit excellemment bien connoistre les causes que par leurs effets : de sorte que s'il s'en faut rapporter à ce diuin Interprete de toute la plus profonde sagesse Scholastique, il me semble qu'il faut combattre vn sentiment si pernicieux, que celuy de son aduersaire, par des raisons plus solides & mieux concertées que les siennes. Le Syllogisme semblable à l'Enthymeme, au Dilemme, & à l'Induction, purifié de toutes ses immondices Pedentesques, est vne excellente maniere de prouuer sa proposition, lors qu'elle est fondée sur vn veritable principe. En l'Enthymeme on cache l'vne des propositions, ou pour abreger, ou pour surprendre : au Dilemme on donne à son Riual le choix de deux propositions, pour le conuaincre, aussi bien en l'vne qu'en l'autre : & à l'Induction on fait seruir de moyen à plusieurs singuliers, pour prouuer vne conclusion vniuerselle, & ainsi du reste.   Voila

Voila s'il me semble la vraye methode qu'il faut tenir pour battre en ruine celuy qu'on veut entieremét destruire, ou qu'on veut parfaitement confondre. Ie ne dis pas cecy pour vous instruire, Monsieur le Refutateur: mais seulement pour vous faire ressouuenir de ce que vous aurez à faire vne autre fois en de pareils rencontres. Vous dites de trop belles & de trop bonnes choses, pour ne nous pas monstrer euidemment que les sciences sainctes, curieuses, & profanes, vous sont familieres, & que vous estes aussi bien fondé, que qui que ce puisse estre en Theologie aussi bien qu'en Philosophie, qu'en Morale & en Politique. Toutefois pour ne pas abuser dauantage de vostre patience, ie passeray de vostre entretien à celuy d'vn Prouincial, qui a fait plus de bruit que trente, auec sa lettre.

Apres auoir voulu donner de la lumiere au Soleil, & des eaux à toutes les campagnes florantes, il dit ; Mon excuse vous paroistra peut-estre legitime, si ie vous dis que les grands esprits, pour estre trop attachez aux reflections qu'ils font sur des hautes affaires, chopent bien souuent en celles qui sont fondamentales; parce qu'ils les negligent, comme leur paroissant trop petites. Comme si les affaires les plus hautes, & les affaires fondamentales de ces mesmes affaires, estoient deux choses si differentes & si detachées, qu'on peust côsiderer les vnes sans les autres : & comme si ce grand nombre de clairs-voyans qui sont dans vn si Auguste Senat que celuy de Paris, n'estoient pas en estat de mieux iuger des choses dont ils font vne si solemnelle profession depuis longues années, qu'vn homme seul, qui n'a iamais peut estre en sa vie, estudié en des matieres si épineuses & delicates que celles qu'il veut dire.

L'exemple qu'il rapporte du Philosophe Thales est tres mal aproprié en ce rencontre. Car si ce sçauant homme chopa, ce ne fut pas en la contemplation des choses, où son esprit estoit occupé, & où il se deuoit occuper en ce rencontre. Il estoit trop bien fondé pour manquer en des sciences qui le firent mettre au nombre des sept Sages de Grece. Ie croy que si nostre nouueau Politique eut marché, & qu'il eut eu les yeux tournez vers le Ciel lors qu'il dictoit sa lettre, comme faisoit ce Philosophe Thales, lors qu'il contemploit les Astres ; qu'il n'auroit pas chopé seulement, mais qu'il auroit donné tout à fait du nez à terre; & si auec tout cela il pretendroit encore se voir en estat de donner de la lumiere au Soleil, & des eaux à toutes les mers du monde.

Messieurs du Parlement sont bien esloignez de tomber en de pareilles fautes. Ces grands hommes ne marchent pas dans les rües, & ne s'occupent pas à la contemplation de ces flambeaux Celestes, lors qu'ils donnent des Arrests sur des matieres si importantes. Leur personne est assise dans vn lieu où la plus hardie des femmes n'oseroit faire vne pareille action à celle de la Milesienne, quand mesmes ils ne feroient que se promener dans la chambre, & où ils ont tousiours l'esprit porté sur le suiet pour lequel ils sont assemblez, & sur lequel ils doiuent resoudre. Et quand par malheur il y en auroit quelqu'vn qui se trouueroit auoir l'esprit diuerty par d'autres pensées, le grand nombre de ses Confreres qui sont dans vne si celebre Assemblée, le feroit reuenir à soy, & l'empescheroit de choir dans vne semblable disgrace.

C'est en vain, dit-il, qu'on coupe les branches de ces mauuaises plantes qui s'attachent aux bonnes, si l'on n'en arrache la racine. Le premier Printemps leur redonne la naissance, & les fait bien souuent repousser auec plus d'estenduë. Il vous en peut arriuer de mesme, dans la conioncture des affaires presentes; car si vous ne déracinez les desordres qui s'attachent maintenant au Ministere, vous y pourriez bien en effet apporter quelque amandement : mais le principe y demeurant, ce sera tousiours a recommencer, & vous vous exposerez au hazard de les reuoir dans peu de temps regner, & peut-estre auec beaucoup de violence.

Sçauroit-on trouuer vn simple garçon de Iardinier qui ne soit aussi bien congru que luy en des pensées si sublimes. Il vous donne aduis Messieurs, d'vne chose que le plus ignorant de tous les hommes peut sçauoir, & que les animaux qui paissent l'herbe tous les iours sçauent aussi bien que cét illustre Politique. La comparaison de ces plantes n'est pas moins ridicule que l'exemple qu'il vient de rapporter du Philosophe Thales; veu que les plantes ne repoussent leurs branches, apres qu'on les leur a coupées, que par vn principe vegetatif, interieur, & naturel de mouuement, qui sont des operations fixes, stables, & limitées

dans le suiet corporel, sans qu'elles se puissent corriger en façon
quelconque, & sans qu'elles se puissent produire au dehors de
l'estre qui les contient, pour nuire à ses semblables, ne deman-
dant à la terre que la nourriture, & leur subsistance, suiuant en
cela l'intention de la nature qui les a produites.

Mais il n'en est pas de mesme de l'homme, son ame a des facultez intellectuelles, electiues, & raisonnables, en vertu desquelles
il peut moderer ses passions & donner des loix à ses saillies, sans
qu'il soit besoin de l'ébrancher, ny d'en arracher la tige pour se
le rendre plus fauorable. Les passions bien mesnagées peuuent
faire son salut & le rendre semblable aux Anges.

La premiere cause des desordres, dit-il, vient de ce que Messieurs du Parlement ne font pas assez de reflection sur ce qu'ils
sont; que s'ils auoient consideré ce qu'ils peuuent, ils n'auroient
pas supporté toutes les indignitez qu'il leur a fallu miserable-
ment souffrir durant le regne passé & pendant la Regence. Ils se
seroient fortement opposez à tant de concussions qui se sont
commises à l'oppression des peuples, dont ils doiuent estre les
Peres & les Protecteurs.

Mais pour ne pas faire vne response, dix fois plus longue que
sa lettre, ie diray succintement qu'il n'offense pas moins le Parlement en l'accusant d'ignorace, qu'il offense l'authorité Royale, en voulant qu'on s'oppose selon sa caprice, aux volontez du
Prince; asseurant ces illustres Senateurs François, que le Roy ne
peut rien faire ny d'important ny de iuste dans le gouuernement de ses Peuples, sans leur consentement, ne considerant pas
qu'il y a des cas reseruez à l'Euesque, & que la tutelle n'est pas
pour les Souuerains, ny l'esclauage pour les Maistres. Il me semble que cette doctrine n'est pas moins pernicieuse que criminelle, & selon Dieu & selon le monde.

La seconde cause des malheurs, est la venalité des charges de
ces Peres de la Patrie, à son conte. Ils sont contrains de les ache-
ter, & quelquefois aussi de les racheter par la Paulette. Outre
qu'on les force bien souuent à passer des Edits que la tyrannie
des Ministres leur enuoye. Sans conter qu'ils ont à cobatre entre eux l'ambitió des vns qui les trahissent, sur l'esperance qu'ils
ont d'estre esleuez à quelque chose de plus eminent, & la lascheté des autres qui les abandonnent pour les pensions qu'ils

prennent, & pour la crainte qu'ils ont, ou d'vne interdiction ou d'vn banniſſement.

N'eſt-ce pas là parler à leur reuerence comme il faut, & de bonne grace? N'eſt-ce pas là les egratigner en les careſſant de la ſorte? N'eſt-ce pas là leur dreſſer de beaux Eloges, que de leur attribuer aux deux tiers toutes les plus mauuaiſes qualitez qu'on puiſſe donner à des ambitieux, à des laches, & à des traiſtres? De grace, quelles conſequences ne peut-on pas tirer au deſauantage de ces rares Magiſtrats, d'vne propoſition ſi outrageuſe, ſi l'on veut prendre le ſoin de l'examiner de bien prés, & de la conſiderer en ſon luſtre.

La troiſieſme cauſe de nos malheurs, c'eſt la promotion qui ſe fait des races partiſanes aux charges de Conſeillers & de Preſidens, pour eſtre les emiſſaires des Miniſtres, & la promotion auſſi de certaines perſonnes qui ſentent la lie du peuple, & qui font dire de tout le corps, qu'il n'eſt compoſé que des ames venales, raiſon qu'il eſtime encore plus forte, ſans comparaiſon, que toute autre.

N'eſt-ce pas là parler encore de ces Meſſieurs, auec des indignitez qui n'en eurent iamais de parcilles, de dire qu'ils reçoiuent inconſiderément & auec iniuſtice, parmy vne ſi celebre cõpagnie que la leur, le criminel à qui l'on deuroit faire ſõ procez, auſſi bien que les ignobles & les roturiers, iſſus de la lie du peuple. Il me ſemble que c'eſt dire, auec vne impudence bien extreme, que tout ce grand corps du Parlement, à qui nous deuons pourtant toute ſorte de reuerence, n'eſt compoſé que de certains petits Dieux, plus auant dans l'infamie que dans la gloire, & que c'eſt porter ſon procez & ſa condamnation ſur ſoy, que d'eſtre ſorty d'vne maiſon partiſane, populaire, ou ignoble: comme ſi la vertu eſtoit ennemie mortelle de la plus part des mortels: comme ſi la veritable Nobleſſe venoit d'ailleurs que d'vne excellente Vertu: & comme ſi cette diuine qualité n'eſtoit pas vn don du Ciel, conferé à toute ſorte de perſonnes, de quelque condition qu'elles puiſſent eſtre.

Enfin tous ces grands exemples qu'il va puiſer chez les morts, pour prouuer ce qu'il veut dire contre les viuans, ne ſeruent qu'à le combattre & qu'à le deſtruire. S'il eſtoit tres-ſçauant en l'Hiſtoire, il trouueroit que nonobſtant toutes les precautions

dont

donr il nous dit, que ces dignes Senateurs vserent en la promotion de leurs charges ; qu'il y eut cent mille fois plus de diffention & plus de trahifons parmy eux, qu'il n'y en a iamais eu parmy les noftres, & que les diuifions ne viennent pas de la difference des conditions, mais feulement de la mauuaife intelligence des hommes, comme il dit en fa quatriefme caufe de nos defordres.

C'eft là où il fait en trois mots vn admirable portrait de l'excellente vnion de ces Illuftres Conquerans, en l'accroiffement de leur Empire, parmy vn tas d'autres chofes qu'il dit bien peu confiderables, quoy que ce ne foit qu'vne pure fiction de fon efprit, veu la mauuaife intelligence qui eftoit perpetuellement entre ces dignes Souuerains, ainfi que nous venons de dire.

Mais ce ne feroit pas grand' chofe, à fon conte, s'il ne rapportoit vn exemple de Brutus à nos Meffieurs du Parlement, que ie n'ofe repeter, tant ie le trouue abominable.

Apres cela que fait-il encore; vn difcours bien ennuyeux, où il montre qu'il ne faut point faire d'accommodement quelconque; que le Parlement ne doit point mettre les armes bas ; qu'il n'en fçauroit abufer, quoy qu'il en puiffe faire; & finalement qu'il ne doit point confentir à faire aucun Traicté de Paix auec la Reyne; parce, dit-il, premierement, qu'elle luy feroit honteufe; fecondement, parce qu'elle ne luy peut eftre que trop dangereufe; & en troifiéme lieu, parce qu'il ne la fçauroit faire.

Ne voila pas à ce coup là donner de la lumiere au Soleil, & des eaux à toutes les mers de la terre? Si le Parlement n'auoit pas mis les armes bas, n'auroit-il pas irrité Dieu contre luy, qui veut qu'on honore les Roys, qu'on leur foit fujet, & qu'on fe garde de leur indignation? N'auroit-il pas efté la caufe d'vn nombre infiny de malheurs que la guerre traine auec foy, & defquels il auroit efté à iamais refponfable? N'auroit-il pas mis le fer & le feu, le meurtre, le vol & les violences dans fa propre Patrie? N'auroit-il pas enuoyé par ce moyen là vn million d'ames en Enfer? Et n'auroit-il pas dans cette coniončture d'affaire donné moyen aux ennemis de l'Eftat, de reprendre tout ce que nous auons pris fur eux, & leur donner iour peut-eftre d'entrer en France, & de mettre la Monarchie en compromis à toute la tyrannie eftrangere.

Quelle certitude peut-on tirer de l'efprit d'vn mauuais Prophete. N'eft-il pas de la race de ceux qui confeilloient Achab de faire la guerre à la ville de Ramoth, qui eft en Galaad, region de Galilée,

en la bouche defquels Dieu auoit mis vn efprit de menfonge ? Si cela eft qu'il fe coiffe de la coiffure que Sedecias fe coiffa, lors qu'il
voulut contrefaire ceux que l'Eternel infpiroit, & qu'il combloit
de fes graces.

Mais fi nous ne deuons pas condamner les parties fans les oüyr,
voicy les raifons qu'il allegue pour montrer que la Paix ne fe peut
pas faire en façon quelconque. Premierement, parce que les Arrefts
de noftre Illuftre Senat doiuent eftre facrez & inuiolables, que la le-
gereté & l'inconftance font blafmables en qui que ce foit, & princi-
palement en vne fi Augufte Compagnie. Qu'il n'y a nulle apparence de caffer les Decrets qu'elle a donnez contre le Cardinal; que ce
luy feroit vne honte de receuoir celuy qu'elle venoit de declarer
ennemy du public, & dont elle auoit loüé & recompenfé les ennemis, qu'il eft pernicieux à l'Eftat, perturbateur du repos public, ennemy du Roy & du Royaume, & qu'elle a confifqué fes biens comme ceux d'vne perfonne criminelle.

Il me femble, fans perdre le refpect que nous deuons à vne perfonne fi éclairée, qu'il y a de la fauffeté en fa premiere raifon. Car
quelle apparence y a-t'il qu'vn homme comme luy puiffe eftre ennemy d'vn Roy & d'vn Royaume, dont il reçoit tous les iours des
bien-faits incroyables. La Nature des graces n'attirera iamais la
haine de qui que ce fuft, fur celuy qui nous les difpenfe, fuffions
nous mefmes plus méconnoiffans qn'vn Tygre. L'exemple d'An-
drode de Dace, & de plufieurs autres, dont ie me pourrois feruir, me
fourniroient d'affez fuffifantes preuues de mon dire, fi cela n'eftoit
trop long pour vne fi petite piece que la mienne.

Outre cela ie trouue le refte de fa propofition affez mal concertée,
pour vn efprit fi clair-voyant, & fi fort entendu en toute forte d'affaires. Ce que le Roy & le Parlement font en faueur d'vn particu-
lier, ne le peuuent-ils pas faire en faueur d'vn premier Miniftre d'E-
ftat, & d'vn Prince de l'Eglife, quelque criminel qu'il puiffe eftre?
On interine bien fouuent des graces pour des gens moins cheris des
Souuerains, & moins confiderables à leurs perfonnes. Il n'eft rien
qui faffe tant éclater la puiffance des Grands, que la Clemence & la
Mifericorde. Ce font les deux attributs dont Dieu fe glorifie le
plus, & dont l'excellence de leur immenfité fe fert inceffamment
pour fe manifefter beaucoup mieux parmy fes creatures.

Si fa Diuine Majefté n'auoit point de clemence pour nous, & que
fa Mifericorde abandonnaft les hommes à fa Iuftice, le monde fe

roit bien toſt depeuplé; & noſtre donneur d'auis, auſſi bien que le
reſte des mortels, ſe trouueroit miſerablement logé dans vne eter-
nité tres-malheureuſe. *De tel iugement que tu iugeras ton prochain*, dit
la Verité permanente, *tu feras iugé toy-meſmes.* C'eſt vn Arreſt inuiolable, donné contre les grands & les petits, de quelque condition qu'ils puiſſent eſtre.

La ſeconde raiſon qu'il allegue pour montrer que la Paix nous
feroit tres-dangereuſe, ſi elle ſe faiſoit, ou pour dire comme il dit,
qu'elle ne ſe peut pas faire; c'eſt parce, dit-il, parlant à Meſſieurs du
Parlement, qu'il faudra de neceſſité que vous relaſchiez quelque
choſe de vos droits, & que relaſchant ce ſera que vous permettiez
que le Cardinal demeure en France en quelqu'vne de ſes Abbayes:
cela eſtant moralement impoſſible, ſera-ce à condition qu'il ſortira
de France, qui eſt l'vnique pierre d'achopement? Nous n'en ſommes plus dans ces termes là, les choſes ont changé de face; & ceux
qui le protegent & qui le ſuiuent, ne ſont pas moins criminels que
luy, pour ne pas dire plus.

Si vous vous contentez de bannir le Cardinal, tous ces gens-là
demeureront; & ſi cela eſt, en quelle aſſeurance ſerez vous, s'ils viennent à reprendre leur credit, comme il leur ſera facile, quand vous
aurez mis les armes bas, en quel eſtat reduiront ils la France? Les
Princes qui ont auec ardeur embraſſé voſtre party, ſeront-ils en ſeureté de leurs teſtes, s'ils ſont contraints d'obeyr à ceux contre qui ils
ſont armez? Seront-ils en egale puiſſance? Cela ne ſe peut; deux con-
traires, diſent les Philoſophes, ne ſe peuuent endurer en vn meſme
ſujet: & en matiere de grandeur, & de grandeur ennemie, il n'y
peut auoir de pareil. Quoy donc, donneront-ils la loy? Il ne ſe peut
dans vn accommodement, & par conſequent il eſt moralement impoſſible de faire de Paix ſans s'expoſer en vn danger tres-euident.

Voicy bien, s'il me ſemble, de la matiere à reſoudre en vn ſeul
article. Mais voyons ſi la choſe nous ſera auſſi impoſſible, que le
Traicté de Paix l'eſt à ſon conte, & qu'il ne veut pas que Meſſieurs
du Parlement ſçachét faire, pour les raiſons qu'il vient de nous dire.

Ie reparts d'abord, que s'il eſt impoſſible que la Paix ſe faſſe, qu'il
luy eſt impoſſible auſſi de dóner des aduis à Meſſieurs du Parlement,
qui ne leurs ſoient inutiles; puis que perſonne du monde ne ſçauroit faire l'impoſſible. En ſuitte il dit apres, qu'il faudra que vous
relaſchiez quelque choſe de vos droits; la Paix eſt donc poſſible.
Voila bien de la contrarieté en vn eſprit comme le ſien, qui veut

donner de la lumiere au Soleil, & qui pretend eſtre ſi entendu aux affaires de cette Monarchie. Il faudra que le Cardinal s'en aille en quelqu'vne de ſes Abbayes, ou qu'il ſorte de France. Nous auons pourtant la Paix, qu'il tenoit impoſſible, & Monſieur le Cardinal n'a pas fait ny l'vn ny l'autre. Ceux qui le protegent & qui le ſuiuent, ne ſont pas moins criminels que luy, pour ne pas dire plus. Ceux qui le protegent ſont le Roy, la Reyne, Monſieur le Duc d'Orleans, & Monſieur le Prince; ils ſont donc criminels à ſon conte. Ceux qui le ſuiuent, c'eſt toute la Cour, c'eſt le Conſeil, c'eſt tous les Officiers de la Couronne, c'eſt tout le Regiment des Gardes, c'eſt toute ſa Maiſon, en vn mot ce ſont toutes les Armées où ſa Maieſté commande. Voila vn bon nombre de criminels bien toſt faits d'vn ſeul trait de ſa plume. Si vous vous contentez de banir ſeulement le Cardinal, & que tous ces gens-là demeurent, il vous prie de conſiderer, Meſſieurs, où vous en ſerez, & où vous pourrez trouuer vos aſſeurances.

Il ne reſtoit plus à dire à ce nouueau Politique, ſi ce n'eſt que Meſſieurs du Parlement ſeroient auſſi criminels que tous ceux que nous venons de nommer, s'ils ne faiſoient pas ce qu'il leur conſeilloit auec tant d'iniuſtice. Ie vous prie de conſiderer vous meſmes, Monſieur le Politique, ſi vous n'eſtes pas bien criminel, d'auoir eu ſeulement l'idée d'vn ſi abominable ſentiment, & s'il ſe peut trouuer vn ſupplice égal à l'offenſe que vous venez de faire. Le Parlement de Paris eſt trop Venerable & trop Auguſte, pour n'auoir pas des penſées de cette nature en horreur, & pour ne ſçauoir pas de quelle ſorte ils doiuent traiter auec leur Maiſtre.

Les Princes qui ont embraſſé leur party auec tant d'ardeur, ſeront-ils en ſeureté de leurs teſtes? Ouy, Monſieur, ils le ſeront, quoy que vous en puiſſiez dire. Le Roy n'eſt-il pas guarent de la foy qu'on nous a iurée; quoy que voſtre premier conſeur ne veuille pas qu'ils ſoient obligez de tenir le ſerment qu'ils auront fait à leurs Sujets, en qualité de Roys, comme ſi la dignité, & la foy eſtoient des choſes incompatibles. Ce ſeroit vne mauuaiſe conſequence, laquelle n'obligeroit pas bien fort les creatures, à croire aux paroles d'vn Créateur, qui ne fera iamais rien contre les choſes qu'vne fois il aura promiſes. Mais à vne autre fois cette repartie. Voicy pourtant trois raiſons ſur leſquelles il ſe faut aſſeurer, & ſur leſquelles ie me fonde.

Premierement, il y va de l'honneur du Roy, des Regens, & de
ſon

son conseil, que leur Loy soit inuiolable. Secondement, s'ils l'auoient faussée, on ne se fieroit iamais plus en leurs sermens, & l'on aimeroit mieux mille fois perir, que de se confier vne autre fois en leurs promesses. Et finalement, qui est encore la raison la plus considerable & la plus forte, c'est qu'ils doiuent vn iour rendre compte à Dieu de toutes leurs actions, deuant qui elles se sont passées, aussi bien que le moindre des hommes. Et puis à tout rompre, le mesme Createur & les mesmes creatures qui nous assistoient dans les affaires passées, ne manqueroient pas de nous proteger encore vne seconde fois en la iustice de nostre cause, s'il le falloit faire.

Quoy donc, nous donneront-ils la Loy? Non, Monsieur, ils ne nous la donneront pas, car ils nous l'ont desia donnée, & si cela s'est pourtant fait, sans s'exposer en aucun danger, qui soit euident ny aux hommes, ny aux Anges.

Mais voyons si sa trosiéme raison qu'il tire par vne consequence necessaire, sera plus raisonnable que les deux precedentes. De quel front vous pourront regarder ces gens-là, qui se sont vantez de lauer leurs mains en vostre sang? qui ne demandoient pas moins que huict Conseillers, & quatre Présidens à leur choix, pour les immoler à leur fureur comme des victimes. Et vous, comment pourrez-vous les regarder de bon œil? Serez vous tousiours dans la défiance, ou tousiours en armes, cela ne se peut faire. Et le peuple qui n'aura peut-estre pas tant de retenuë que vous, pourra-t'il voir de ses yeux, des gens qui ont exercé tous les actes d'hostilité imaginable sur tout ce qui luy appartenoit? qui deuoient brusler Paris, mettre la corde au col de tous les Bourgeois, & qui authorisent le viol, les larcins, & les sacrileges. Eux pourront ils voir des Bourgeois qui les ont morguez, & qui par tant de Libelles diffamatoires, ont publié l'infamie & l'enormité de leurs crimes? Enfin, que diront les autres Parlemens auec qui vous auez fait alliance? Que diront les gens de guerre que vous auez fait venir? & les Seigneurs que vous auez engagez à vostre party, qui ne sçauroient faire de paix s'ils ne la donnent. Cela estant, i'y consens, autrement, mourons plustost, que de rentrer dans la seruitude.

Voila plaisamment tirer vne troisiéme raison des deux premieres par vne necessité de consequence bien friuole. Il faudroit n'auoir pas iamais esté instruit en la Loy Chrestienne, si l'on vouloit ignorer les moyens qu'il faut tenir, pour arriuer à des fins qui ne sont pas fort difficiles. Sa souueraine Bonté pardonne bien souuent à des villes,

toutes entieres, à cause de bien peu de iustes; & ceux qui ne l'imite-
ront pas, n'heriteront iamais de la vie bien heureuse. Où trouuerez
vous vne ame, quelque reprouuée qu'elle puisse estre, qu'elle ne
tremble pas, en priant sa diuine Majesté de luy pardonner ses pechez,
ainsi qu'elle les pardonne à ceux qui l'ont offensée? Si son intention
n'estoit pas bien portée, en disant son Oraison Dominicale, à faire ce
qu'elle promet à cette adorable puissance, elle verroit comme vn autre Baltasar Roy de Babylone, escrite sa condamnation sur tous les
obiets où elle tourneroit sa veuë, par la mesme main qui escriuoit la
sienne, pour auoir profané les Vaisseaux du Temple, en vn banquet
qu'il faisoit auec ses concubines. Aimer Dieu de tout son cœur & de
toute son ame, c'est faire le premier commandement de la Loy : mais
aimer son prochain comme soy mesme, c'est faire l'accomplissement
de la Loy toute entiere : & qui ne le fait pas, est hors de la grace, &
celuy qui est hors de la grace, est hors de salut sans remission quelconque. Outre que, Monsieur le nouueau Politique auance bien là des
paroles qui n'ont iamais esté seulement pensées de leurs Majestez, si
cela se peut dire, sans offenser sa Reuerence. Mais que diront les autres Parlemens? Que diront les gens de guerre que vous auez fait venir? Et que diront les Seigneurs que vous auez engagez à vostre party, qui ne sçauroient faire de Paix s'ils ne l'a donnent? Ils diront, s'ils
se mettent en la place de ces Illustres Senateurs, pour bien iuger de la
chose, qu'ils ont fait ce qu'ils doiuent faire, que l'interest public, nonobstant toutes oppositions & appellations quelconques, est tousiours
preferable à l'interest de quelques particuliers. Et qu'vne Paix, quelque malheureuse qu'elle puisse estre, vaut cent fois mieux que toutes
les meilleures guerres du monde. Ainsi la Paix s'est faite, sans que ces
Seigneurs nous l'ayent donnée, sans que Monsieur le Prouincial y
ait consenty, & sans qu'il luy en ait cousté la vie.

De grace, escoutons le reste; il nous veut apprendre qu'il y a bien
à distinguer, entre la puissance d'vn Roy maieur, & celle de ses Ministres dans sa minorité. C'est icy où ie puis dire sans faillir, qu'il se
debat contre son ombre, puis que personne du monde ne luy a pas encore contesté vne proposition si veritable : car où est celuy qui voudroit soustenir le contraire? N'est-ce pas aussi qu'il veut encore de
nouueau esclairer le Soleil, & donner des lumieres à celuy qui en dô-
ne à tout le reste? Les Nations les plus denuées d'intelligence, sçauent fort bien demesler ces matieres, & le plus ignorant d'entre eux,
n'a iamais pris le valet pour le maistre, quelque mauuaise impression

qu'il puiſſe auoir de ſes ſemblables. Ne ſçait-il pas luy-meſme, que Dieu ne donne de ieunes Roys à ſes Peuples, que pour les rendre malheureux, & que pour les punir de leurs crimes? Ce ſont des Decrets, contre qui les Requeſtes Ciuiles n'ont point de vertu, & qu'il nous faut ſubir malgré que nous en ayons auec patience. Mais le Roy, dit-il, n'eſtant pas en eſtat d'agir de ſa perſonne, il faut donc que ceux qui ont le plus d'intereſt en la conſeruation de ſon Royaume, refrenent l'inſolence de ces zelez Miniſtres, qui ſous ce maſque de l'authorité Royale, tranchent des Souuerains, & rauagent le Domaine du Roy, comme vne terre ennemie.

Mais de grace, Monſieur le Docteur, qui entreprendra d'aller contre la volonté de Dieu, du Roy, & des Regens, ſans choquer des Souuerainetez, qui ne peuuent pas ſouffrir qu'on les choque? Ne ſçauez vous pas bien que les Peuples ont receu les Roys de la main d'vne Puiſſance infinie, à condition qu'ils prendront leurs enfans, qu'ils diſpoſeront de leurs biens & de leurs vies, qu'ils crieront à ſa diuine Majeſté pour eſtre deliurez, ſans qu'il les veüille exaucer en façon quelconque? Ne ſçauez vous pas bien que les Miniſtres Fauoris ſont à la perſonne du Souuerain, ce que les facultez de l'ame ſont à cette admirable viuifiante? Ne ſçauez vous pas bien, que le Prince & le Cóſeiller d'Eſtat, ſont tellement attachez d'intereſt par vne conſequence de neceſſité, qu'on ne ſçauroit les deſunir ſans crime : Qui choque le Miniſtre neceſſaire au Souuerain, ne choque pas ſeulement l'obiet de la plus legitime de ſes paſſions ; mais il choque encore vne perſonne qui luy doit eſtre ſacrée : C'eſt vne confuſion d'intereſts ſi grande, que la Nature de l'vn, ſe trouue toute confonduë en la nature de l'autre. Que faut-il donc faire à cela? Il faut taſcher d'obliger Dieu, le Prince, & les Regens, par de tres-humbles ſupplications, à nous regarder d'vn œil de pitié, & d'auoir quelque compaſſion de nos miſeres. Et quand toutes nos puiſſances terreſtres auroient le cœur auſſi endurcy, que ceux qui reſiſtoient aux ſouhaits des Iſraëlites, ce Souuerain Seigneur de l'Vniuers, ne manquera iamais d'exaucer les cris de ceux qui le ſeruiront, & qui l'inuoqueront dans leurs neceſſitez contre la meſme tyrannie. Ce ſera alors que vous verrez ces zelez Miniſtres d'Eſtat, qui ſous ce maſque de l'authorité Royale, comme vous venez de dire, contrefont les Potentats, & rauagent le Domaine du Roy, comme ſi c'eſtoit vne terre ennemie, ſufmis à la raiſon, par vne puiſſance ſi funeſte à ceux qui ne ſe veulent pas reconnoiſtre, qu'il n'eſt rien au monde de ſi ſurprenant, ny de ſi terrible.

Ils auront beau s'armer de l'Empire du monde,
Et d'vne vanité, qui n'a point de seconde,
Trancher des Souuerains, & brauer nostre sort:
Dieu leur fera sçauoir, par vne guerre ouuerte,
Qu'il n'est rien icy bas, qui ne tente à leur perte,
Ou bien qui ne conspire à leur donner la mort.

Que n'a t'il pas fait en faueur de ceux qui l'ont prié d'vn grand zele? Les miracles en sont si frequens, & si connus de toutes les Nations de la terre, qu'il n'est pas besoin d'amplifier ce petit discours de leurs exemples. Il faudroit estre tout à fait stupide, ou meschant iusqu'à la rage, pour ne vouloir pas adiouster quelque espece de foy aux Decrets d'vne parole inuiolable.

Mais, Monsieur le nouueau Politique, vous passez insensiblement de certaines questions où ie ne faisois que me diuertir en des questions de conscience. Vous ne voulez pas que le Roy soit Maistre de nos biens & de nos vies: & vous voulez qu'il y ait vne grande difference entre deux propositions que vous faites, qui sont, sçauoir si le Prince peut prendre l'vn & l'autre, pour en disposer à sa fantaisie, ou si nous deuons employer tous les deux pour son seruice. La premiere, dites vous, suppose vne puissance despotique & seigneuriale, & la seconde vne suiettion dans le sujet, qui l'oblige à seruir son Prince au despens de son sang, & de ses biens, quand la necessité est grande. Iamais la France n'a esté en gouuernement despotique, si ce n'est depuis trente ans, que nous auons esté soufmis à la misericorde des Ministres, & exposez à leur tyrannie, & que la France est vne pure Monarchie Royale, où le Prince est obligé de se conformer aux Loix de Dieu, & où son Peuple obeïssant aux siennes, demeure dans la liberté naturelle, & dans la proprieté de ses biens. Ensuite, vous rapportez vne grande partie de l'Histoire, pour monstrer que la France n'est pas vne terre de conqueste, ainsi que l'Empire du grand Turc, dont le Seigneur s'est fait Maistre par la voye des armes, & qui peut pour cela mander à ses Bassas de luy apporter leurs testes sans leur faire iniustice, ayant tousiours retenu le pouuoir de Conquerant, qui donne, suiuant le droit des gens, la puissance de traitter ses Subjets comme des Esclaues.

Et moy, ie réponds à tout cela, Monsieur, que bien que la France ne soit pas vn pays de conqueste, ny vne Monarchie despotique, & que nos anciens Gaulois se soient librement soufmis à la domination de Meroüée, sans coup ferir, & qu'ils ayent eu la temerité de chasser

son

son fils Chilperic, tout Roy qu'il estoit, pour mettre Gillon en sa place; & qu'eslire & destituer, ne soient pas des marques d'vn peuple sub-iugué; mais d'vn peuple libre, ie ne laisseray pourtant pas de vous presser iusques au point de vous faire dire, que vous estes aussi mauuais Chrestien, que mauuais Politique. Car si vous auez droit de ti-rer vos consequences d'vn Meroüée, que des Subjets esleuerent à cette dignité Royale, il me semble que i'en auray bien plus de tirer les miennes d'vn Saül, que Dieu prit le soin de couronner luy mesme de sa propre main, quelque meschant qu'il fust, sur vn Peuple qu'il cherissoit par dessus tous les autres. Ce que ce Souuerain Seigneur fait, doit auoir plus de credit dans l'esprit des hommes, que tout ce que ses creatures sçauroient faire; & ses promotions sont d'vne natu-re bien plus stable, & plus importante que les nostres, sans contredit quelconque.

Les Israëlites, comme nous auons desia dit, demanderent vn Roy pour les gouuerner & pour les conduire, à ce Souuerain Legislateur du Ciel & de la Terre: & ce diuin Seigneur les reprit aigrement, de voir qu'ils luy demandoiec vn homme mortel pour leur Prince. Mais ces remonstrances ne seruirent de rien sur des esprits preoccupez de passion, & qui persistoient tousiours en leurs demandes. Nonobstant tout cela, ils ne laissent pas de perseuerer en leurs volontez, & de con-tinuer leur instance. Apres cela, Dieu leur fait voir encore derechef, qu'il ne sçauroit consentir à leurs importunitez, que sous des condi-tions tres-seruiles & tres-outrageuses. Tout cela ne sert de rien sur vn Peuple si opiniastre. Leur desir s'augmente dans le refus, & les re-monstrances les mieux concertées leurs sont inutiles.

Ils veulent vn Roy, à quel prix que ce puisse estre. Si bien que le Createur fut obligé de ceder quelque chose aux importunitez de ses creatures: mais ce ne fust pourtant qu'à condition, qu'il pourroit prendre leurs biens & leurs enfans, qu'il disposeroit des vns & des au-tres comme bon luy sembleroit; & qu'il les traitteroit auec des cruau-tez si grandes, qu'ils seroient contraints de l'appeller à leur secours pour les deliurer, qu'il ne les exauceroit iamais, & qu'il n'escouteroit pas mesme leurs plaintes. Ce que Dieu voulut absolument ainsi pour les punir, de ce qu'ils auoient esté si temeraires, que d'oser preferer vn homme mortel à sa saincte & sacrée Personne. Iugez ie vous prie apres cela, de grace, si les Subjets ont droit de s'opposer à l'authorité de leurs Souuerains, puis qu'ils ne les ont receus de la main de ce Tout-Puissant, que sous les conditions que nous venons de dire.

Les traitez que cet adorable Seigneur a faits auec ses bien-aimez,

ne doiuent pas estre moins inuiolables, que ceux que Meroüée faisoit auec ses idolatres, & les Decrets de l'Escriture saincte ne nous
sont pas en moindre veneration, que les authoritez de l'Histoire pro-
fane. Vous voila desia vaincu par des Arrests que vous ne sçauriez cas-
ser, sans vous combler l'esprit d'vne reprobation eternelle. Cela vous
fait bien voir, Monsieur, que les Roys ont vne puissance tellement
souueraine sur leurs Sujets, qu'ils n'ont qu'à choisir auec vne extreme resolution, ou la mort, ou l'obeïssance. L'Escriture saincte est
assez ferrile en des exemples de cette nature : & vostre premier Censeur ne manque pas de vous en fournir d'vn assez bon nombre sur cét
article. La Sapience infinie nous apprend au huictiéme chapitre de
son Ecclesiaste, que le Roy peut faire de nous tout ce qu'il luy plaira,
sans exception quelconque. Ce mot de tout, est vn terme si vniuersel,
que l'entendement humain ne se sçauroit rien figurer, qui ne soit
compris de celuy qui comprend toutes choses. Quoy, oserez vous
bien apres cela, criminel Politique, donner des bornes à vne puissance si absoluë & si approuuée, que celle des Monarques. Ce n'est pas
moy qui parle, c'est vn Dieu qui veut estre creu & obey sur peine
de la vie eternelle. *Quiconque mesprisera ma parole*, dit-il en sainct
Matthieu chapitre 10. *sera plus griefuement puny que tous les Sodomi-
tes.* N'est-ce pas là nous donner la liberté de contrarier leurs volontez, & de poser des bornes à leur puissance? Est-ce là, de grace, nous
donner les moyens d'armer contre eux, & de les deposseder de leurs
Throsnes ? Israël demeurant tousiours souple, & tousiours obeïssant
sous la tyrannie de Saül, nous apprend assez bien ce que nous deuons
faire, comme ie l'ay dit cy-deuant, en cas de pareille rencontre. La
puissance absoluë est si necessaire à la Royauté, que le Prince ne sçauroit estre iamais bien Souuerain, si elle se trouuoit tant soit peu lezée.
Ouy, la Royauté est vne dignité si esleuée au dessus de toutes les autres dignitez, qu'il n'est que Dieu seul qui luy puisse prescrire des
Loix, & borner vne authorité si legitime. La puissance Royale n'est
pas moins inseparable de la personne des Souuerains, que la puissance Ecclesiastique l'est du Chef de l'Eglise militante. Toutes deux
viennent immediatement de la part de Dieu, & la derniere n'a pas
plus de direction sur l'estre spirituel, que la precedente sur l'estat des
choses terrestres.

    Les Roys sont des personnes si sacrées, que Dieu ne veut pas en
aucune sorte, qu'on soüille le respect qu'on leur doit de la moindre
de nos pensées. Songeons seulement à souffrir toutes les iniures
qu'ils nous feront patiemment souffrir pour l'amour de Iesus-Christ,

ſi nous voulons faire des merueilles pour noſtre ſalut & pour noſtre gloire. Ces petits Dieux terreſtres ſont des Souuerains ordonnez de l'Eſprit infiny, pour rendre la Iuſtice à leurs Sujets, & non pas pour la receuoir de qui que ce puiſſe eſtre. Le cœur de ces Arbitres de l'Vniuers eſt en la main de ce Tout-puiſſant, & nous deuons les honorer, & nous garder de les auoir pour ennemis en façon quelconque. *Ne perſeuere point en des choſes mauuaiſes*, dit cet Adorable Legiſlateur, *car ils feront tout ce qu'il leur plaira, & de ce qui t'appartient, & de ta perſonne meſme.* La puiſſance ne les abandonne iamais, & leur parole nous doit eſtre continuellement redoutable. Le Sacrement dont ſa Prouidence eternelle les a voulu gratifier, les doit rendre venerables à tous les peuples de l'Vniuers, & fuſſent-ils meſmes tachez de quelque eſpece de tyrannie. Cet illuſtre charactere de grandeur ne leur a eſté enuoyée du Ciel, que pour marquer l'admirable puiſſance qu'ils en ont receuë. Enfin ce ſigne viſible d'vne choſe inuiſible, leur eſt vne authorité ſi myſterieuſe, qu'à peine peut-elle eſtre parfaitement bien compriſe des eſprits plus doüez d'intelligence : & noſtre nouueau Politique apres cela, n'aura pas de la veneration pour des perſonnes ſi ſacrées. Quiconque mépriſe la puiſſance ſouueraine, mépriſe le Souuerain qui l'a ordonnée : & qui mépriſe le Souuerain qui l'a ordonnée, ſe rend abominable à Dieu & aux hommes. Sainct Paul dit qu'il faut eſtre ſujet aux Puiſſances ſuperieures, & qu'il n'en eſt pas vne qui ne ſoit ordonnée de Dieu. Il faut inferer de ce Decret inuiolable, que ceux qui reſiſtent à la Puiſſance ordonnée de Dieu, reſiſtent par conſequent à l'ordonnance de Dieu meſme, & ſe mettent au nombre des ames reprouuées.

Mais de grace, que fiſt Ieſus-Chriſt, ce veritable Exemple de la vie Chreſtienne, tout innocent qu'il eſtoit, en la perſecution d'Herode, luy qui pouuoit armer le Ciel & la Terre pour la defenſe de ſa cauſe ? Il ne s'amuſa pas à diſputer contre ce malheureux Prince, ny de ſon pouuoir, ny ne ſes droits : mais il s'enfuit en Egypte, pour ne pas choquer vne Puiſſance qu'il auoit luy meſme eſtablie. Quand les mouches à miel ſont en la diſgrace de leur Princeſſe, elles ſe percent le cœur de leur propre aiguillon, pour ne pas viure dans ce deſordre. Les Perſes ſe reduiſent en cendre, touchez d'vne meſme aduenture. Xenophon veut qu'il n'y ayt point d'animal au monde plus ingrat à ſon Superieur que l'homme. Et nonobſtant tout cela vous douterez encore de la nature du tribut qu'on doit rendre à ſon Prince, puis qu'il peut prendre tout ce que nous auons quand bon luy ſemble. De ſorte que ſi nous ſommes obligez de rendre au Roy ce que nous luy deuós,

ie ne croy pas que l'homme se puisse vanter d'auoir quelque chose à
soy qui ne luy appartienne, & moins qu'il luy puisse payer le tribut
que vous voulez qu'il luy paye, que de son propre Domaine, puis que
nos biens & nos vies sont du nombre. Et c'est là veritablement la seu-
le raison par laquelle il se trouue inalienable, comme vous dites, veu
que Dieu veut qu'il soit vniuersellement affecté sur tout ce que le
Sujet possede ; si bien qu'on ne luy sçauroit dénier ce qui luy est deu,
sans se mettre au hazard d'estre puny selon l'enormité du crime. Enfin si les imposts ont causé de grands troubles, c'est parce que le Souuerain n'a trouué sous sa domination que des esprits de rebellion, &
des ames bien peu Chrestiennes.

Ce que nous venons de dire suffira pour répondre à cette grande
trainée de discours, qui sont dans les trois derniers cahiers d'vn si digne & si Royal Ouurage que le vostre, & ausquels il a esté suffisamment répondu par le premier Refutateur de vostre Lettre. Neant-
moins ie ne laisseray pas en chemin faisant de vous demâder, par quelle raison d'Estat est-ce qu'vn Roy, qui abuse du pouuoir que Dieu
luy a donné, cesse d'estre Roy, & ses Sujets Sujets ; & que l'vn se dispensant de son deuoir, l'autre se peut bien tirer de son obeïssance. Voila
s'il me semble vne maxime tres odieuse à vne Puissance qu'vn absolu
Legislateur a renduë si souueraine. Et voicy à peu prés le nœud de l'affaire, si ie ne me trompe. Vous dites que quand les Roys viennent à
la Couronne ils iurent sur les sainctes Euangiles, qu'ils maintien-
dront l'Eglise de Dieu à leur pouuoir, qu'ils obserueront les loix fondamentales de l'Estat, & qu'ils protegeront leurs Sujets selon Dieu
& raison, ainsi que de bons Roys doiuent faire. Ie veux que cela soit
ainsi : mais voyons si vous entendez bien vostre Obiection, & si cela
fait quelque chose en faueur de vostre consequence. Vous voulez
donc que si le Roy manque au serment qu'il a fait à ses Sujets, que
ses Sujers manquent à l'obeyssannce qu'ils luy ont promise.

Premierement, mon deuancier vous a dit, que le Monarque &
la puissance estoient deux choses indiuisibles : mais cela ne fait rien
contre vous, attendu que vous ne vous amusez pas tant à faire leur
diuision, qu'à les chasser & qu'à les destruire tous deux ensem-
bles. Il vous dit encore, que les Roys ne sont pas obligez de tenir
les sermens qu'ils ont faits à leurs Sujets ; ce qui fait contre Dieu,
contre l'honneur du Souuerain, & contre la Iustice qu'ils doiuent rendre à leurs peuples. Dieu leur defend pourtant de iu-
rer en vain, & sa saincte & sacrée Majesté donne sa malediction à
tous ceux qui ne rendront pas leurs promesses d'vne nature inuiolable.

ble. Dieu confirme bien sa promesse par serment, afin qu'elle soit accomplie : & ce grand Censeur François ne voudroit pas que les Roys, qui ne sont pas de meilleure maison, ny d'vne condition plus releuée, s'en peussent dispenser à leur mode. Si les Roys ne veulent pas tenir leurs serments pour l'amour de leurs Sujets, du moins les doiuent-ils tenir pour le respect du Seigneur de l'Vniuers, deuant qui, & au nom de qui ils sont faits, & pour l'honneur qu'ils se doiuent rendre.

Mais ce n'est pas encore là, s'il me semble, bien toucher au texte que nostre nouueau Politique a posé pour son fondement, ny bien viser à ce qu'il vient de dire. Le Roy a iuré qu'il maintiendroit l'Eglise de Dieu, qu'il obserueroit les loix fondamentales de l'Estat, & qu'il protegeroit ses peuples. Oüy, ie le veux comme vous, & c'est vne chose que ie ne veux pas contrarier en façon quelconque. Mais le Prince & le peuple n'ont pas iuré ensemble, que si le Monarque ne faisoit rien de tout ce qu'il promettoit, qu'il cesseroit d'estre Roy, & ses Sujets Sujets, & que par ainsi le Souuerain se dispensant de son deuoir, les peuples se dispenseroient aussi de leur obeyssance. Si cela n'est pas, la condition auec laquelle il est monté sur son Throsne, vous auez grand tort de vous en seruir pour l'en vouloir deposseder, si vous ne voulez faire voir que vous l'en voulez descendre auec iniustice. Le prouerbe dit, qu'il n'y a au marché que ce que l'on y met, & l'on ne se sçauroit obliger que selon les clauses. Si par les raisons du serment qu'il a fait à ses Subjects, il ne s'est pas esleué au faiste des grandeurs où il se void, par les mesmes raisons du serment violé, il n'est pas iuste qu'il en descende. Ce sont des sermens auec lesquels, mais non pas par le moyen desquels il s'est acquis l'Empire. Les sermés hors de la fin pour laquelle nous les faisons, sont de nulle efficace. Que si le Prince ne tient pas la promesse qu'il nous aura faite, il n'en faut blasmer que sa mauuaise foy, & non pas s'en prendre à vne puissance qui ne releue en aucune façon des hommes. Pour donner vn office, vne charge, vne dignité, ou bien vn Empire, il faut auoir quelqu'vne de ces choses là à sa deuotion, où pour mieux dire à son propre; puis que selon le Prince de l'Academie Scholastique, nous ne sçaurions dôner ce que nous n'auós pas, & moins encore ce qui n'est pas nostre. Mais quád cela se pourroit faire, dites moy de grace où est l'vnique en son espece qui se voudroit despoüiller d'vn si friand morceau en faueur de son riual, s'il l'auoit à sa deuotion, pour en disposer à sa mode? *Primo mihi, secundo tibi,* sont maintenant les fins où visent toutes les intentions des hommes du siecle. La Royauté est vn accident concret, & inseparable de sa substance, Monsieur le nouueau Politique. Ouy, ce sont deux estres indiuisibles, en quel sens que vous le puissiez prendre. Les abstractions ne sont que des especes imaginaires & phantastiques, qui ne sçauroient aucunement subsister que par la force de nos réueries. Les Royaumes ne s'acquierent que par ellection, ou par succession, ou par force: mais les moyés d'y arriuer par quelqu'vne de ces voyes là, ne sçauroit venir que de Dieu, ainsi que nous l'auons suffisamment prouué par plusieurs raisons, qui est le veritable chemin qu'il faut tenir pour bien verifier les choses; & par plusieurs authoritez de l'Escriture Saincte, qui sont des oracles sacrez, ausquels vn bon Chrestien comme vous, n'oseroit contredire, si sa reprobation ne veut estre manifestée. Les ellections, les successions, & les forces, sont des dons de Dieu conferez à qui bon luy semble. Nous n'auons rien que nous ne l'ayons receu de cet estre infiny, dit le diuin Apostre Sainct Paul en sa premiere Epistre aux Corinthiens, & toutes choses procedent de ce Pere des lumieres, selon sainct Pierre.

N'est-ce pas vne grande insolence à vn homme de sa sorte, de dire hautement, que Messieurs du Parlement peuuent dispenser les Subjets de l'obeïssance qu'ils doiuent à leur Prince? De publier par tout que la lascheté de ces Messieurs, est la cause de tous les desordres qui se sont faits depuis les guerres? Qu'ils sont les complices de tous les malheurs? Qu'ils ont toleré le traffic du sang des Subjets du Roy? Que sa Majesté & les peuples n'ont que faire d'eux, s'ils ne s'opposent absolument aux volontez du Prince? Qu'ils le doiuent faire genereusement, ou abandonner leurs charges? Qu'ils quittent l'Office de Iuges, pour faire celuy de fourbes? Qu'ils viuent sans honneur? & que tout ce qu'il vient de dire est vn discours qui se fait ordinairement dans les Prouinces? N'est ce pas là instruire le procez de ces enfans de ces Peres de la Iustice.

Apres cela il allegue l'exemple d'vn fou, & se met en parallele auec luy, pour montrer à ces Messieurs, qu'ils ont fait eux mesmes tous les vols, tous les viols, toutes les incendies, & tous les sacrileges qui se sont faits dans toutes les guerres, pour n'auoir pas mis ordre aux affaires. Finalement il conclud, en accusant le Conseil du Roy d'extorsions, de peculat, de volerie, de donner de faux Arrests, & de faire beaucoup d'injustices. Que peut-on dire dauantage contre le Roy, contre son Conseil, & contre vn Parlement si Auguste que le nostre? Plusieurs personnes ont esté seuerement chastiez pour des fautes moins criminelles que les siennes. Ie ne dis pas cecy pour voulóir qu'on intente vn procez contre luy, à Dieu ne plaise, la Declaration du Roy pour faire cesser les mouuemens, & restablir le repos & la tranquilité du Royaume, verifiée en Parlement, veut que tout ce qui s'est fait durant les troubles demeure nul, & comme non aduenu, sans que personne en puisse estre cy-apres recherché ny inquieté en façon quelconque : & moy comme obligé de m'humilier à ces Decrets, ie ne dois pas auoir vne volonté contraire à celle de nos Maistres.

Mais ie ne voy pas dans la chaleur du discours où ie suis, que ie m'engage insensiblement dans des hazards bien estranges. Le titre qui est sur le frontispice de la Replique de son second, me doit faire trembler de peur, & me doit faire songer à ma conscience. Ces mots de suffisant & captieux Censeur de la lettre d'auis, tonent beaucoup. Dieu vueille pourtant qu'ils fassent beaucoup de bruit, sans foudroyer sur qui que ce puisse estre. Pourquoy vous meslez vous, dit-il, de fueilleter l'Escriture pour en tirer la satisfaction de vostre sens corrompu, & mespriser le reste, pour vous mettre au nombre des ennemis de la verité? Et vous Monsieur le Iupiter, pourquoy vous meslez vous de luy faire cette demande ? Est-ce à vous à qui il doit rendre conte de ses actions? Et croyez vous estre le seul qui sçache bien iuger des sens de l'Escriture ? Desabusez vous de cela, ie vous en supplie, à l'eschantillon on connoist le reste de la piece. Vous dites que les Rois sont establis sur les peuples du choix, ou de la tolerance de leurs Subjects. Et ie vous nie que cela soit, puis que selon Sainct Paul, escriuant aux Romains, Nostre eslection procede de la grace de Dieu, & non pas des hommes.

Comme il faut fermement croire, sur peine de passer pour heretique, qu'il ne se fait point d'eslection en la creation des souuerains Pontifes de l'Eglise Catholique, Apostolique & Romaine, où le Sainct-Esprit ne soit pour y presider, afin que cette diuine authorité ne soit occupée par vne personne indigne de ses graces; Il faut fermement croire aussi, pour n'estre pas mis au rang des libertins & des impies; qu'il ne se fait pas non plus vne eslection en la creation des Rois Chrestiens, où cet adorable Autheur de toutes les constitutions les plus sainctes & les plus sacrées, ne se trouue parellement en qualité de souuerain Electeur, afin qu'vne puissance si sublime que celle-là, ne tombe iamais qu'entre des mains de ceux qu'elle iugera estre les plus propres à receuoir ses ordres. De sorte que si nous ne sommes esleus que de son eternelle volonté, comme dit fort bien S. Pierre en sa 1. Epist. les peuples ne contribuët donc rien en l'eslection des Roys; puis qu'ils ne font que suiure les inspi-rations de celuy qui eslit & reprouue comme bon luy semble.

Celuy que vous arguez, dites vous, n'y contredit pas : & moy ie vous respons que c'est bien y contredire, que de soustenir que les subjets cessent d'estre subjets quand le Monarque abuse du pouuoir que Dieu luy donne. N'est-ce pas là le deposseder de sa Royauté, que de se retirer de sa subiection & de son obeïssance ? Et n'est-ce pas là en suite oster auec iniustice à son Souuerain, vne qualité qu'il ne tient pas des peuples en façon quelconque ? Et vous voulez qu'a-pres cela que vostre fausse obiectiõ, soit aussi veritable que la mesme saincte Escriture, & que la remarque que vous auez faite d'Helie : Car il est vray que ce fut Samuel, premier Prophete apres Moyse, qui oignit Dauid pour estre Roy d'Israël, ainsi que nous l'apprend ce digne fils d'Helcana luy mesme, en son premier Liure, Chap. 16.

En fin s'il n'est question que de l'obeïssance que nous deuons à nos Princes, lisez ce que i'en ay escrit cy-deuant, & si vous ne me voulez pas croire, prenez la peine de consulter l'oracle de la Verité perma-nente, & vous apprendrez de luy que les Rois ont pouuoir sur nos biens, sur nos vies, & sur nos enfans, & qu'ils nous traiteront si cruellement, que nous serons contraints d'auoir recours à luy : mais le malheur sera si grand pour nous, qu'il ne voudra pas escouter nos plaintes. L'exemple que vous rapportez de Roboam, ne fait rien contre ce que ie dis; puis que Dieu voulut qu'il fut demis de sa Royauté, pour le punir du crime qu'il auoit commis, d'auoir donné ses sentimens au conseil des icunes, & pour auoir dit des paroles trop rigoureuses au peuple, ainsi que vous pouuez voir dans le pre-mier Liure des Rois, chapitre 12.

Vous n'apprehendez pas qu'il vous arriue la mesme chose, n'ayant point de Royaume à perdre, de traiter vn honneste homme de co-quin, & de le vouloir faire mourir pour si peu de chose. Ie croy que s'il vous eut fallu mettre vostre nom dans vostre innocéte Replique, comme il faut qu'il fasse dans les Gazettes qu'il publie, ie croy que vous n'auriez pas osé parler si hautement de luy, ny si bassement de son Eminence. Si vous vous fussiez rendu plus intelligible que vous n'auez pas fait dans la suite de vostre bel ouurage, i'aurois continué de vous respondre iusques à la fin : mais tous vos discours sont si ambigus, que ie n'y trouue ny sens ny suitte.

Voila tous les complimens & toutes les ciuilitez que ie vous puis faire presentement, & tous les biens que ie vous puis donner pour vostre partage, & attendant mieux, s'il plaist à Dieu nous en faire la grace.

F I N.